Katja Scheer

blicke ins l¹eben

Katja Scheer

blicke ins l[i]eben

und andere begegnungen

Gedichte & Momentaufnahmen

Bibliografische Information der Deutschen
Nationalbibliothek:
Die Deutsche Nationalbibliothek verzeichnet diese
Publikation in der Deutschen Nationalbibliografie;
detaillierte bibliografische Daten sind im Internet über
http://dnb.dnb.de abrufbar.

2. überarb. Auflage 2023

© 2022, 2023 Katja Scheer

Herstellung und Verlag: BoD – Books on Demand,
Norderstedt

ISBN: 978-3-7568-6322-8

augenblickkontakt

dein blick
trifft meinen
kurz
nur kurz
kontakt

für einen blick
für einen augenblick
mehr
viel mehr
als nur
kontakt

deine augen
treffen meine
tief
sehr tief
unser kontakt
augenkontakt
nur für einen blick
augenblickkontakt

wortlos verstehen

meine gedanken
und gefühle
liegen ausgebreitet
vor dir
in schillernden farben
leuchtend
und glänzend
und schön

wortlos lächelnd
nimmst du
pinsel und papier
und malst daraus
ein wunderbares
bild

mehr als nur post

ich öffne
deinen brief
und deine worte
schweben
vom papier
in den raum
fliegen
wie kleine falter
kreisen
um meinen kopf
flattern
durch mein gesicht

besonders schöne
ihrer art
setzen sich
auf meine schulter
flüstern
in mein ohr
zaubern mir
ein lächeln
ins gesicht
und herz
hinein

mitten im leben

die ersten
bunten blätter
fallen
direkt
vor meine füße
zaghaft und behutsam
leg ich sie zurück
auf einen ast
in meinem baum
zärtlich und beschwörend
flüstere ich
noch nicht
noch
nicht

noch

nicht

freigeister

an manchen tagen
treffen wir
einander
auf freiem feld

dort
lassen wir
gemeinsam
unsere geister
frei
steigen
fliegen
kreisen
spielen
wie drachen
im wind

an diesen tagen
mit dir
im feld
ist mein geist
frei

destruktiv

herr
du gibst
eine fülle
von möglichkeiten
paradiesisch
steht es mir offen
meine freiheit
zu leben

doch ich strebe
nach dem einen apfel
den ich
nicht
erreichen kann
bereit
auf dem weg
alles zu zerstören
was mich hindert

letztendlich
auch
mich selbst

flügel für die seele

deine worte
malen bilder
an die decke
meines zimmers
malen himmel
malen weite
singen freiheit

deine worte
nehmen mich
und tragen mich
aus der enge
meines raumes

deine worte
geben mir
schenken mir
leihen
meiner seele
flügel

die ganze palette

du malst
mit gelb
und rot
und blau –
das gleiche
gelb
und rot
und blau
wie immer
vertrautes
gelb
und rot
und blau

doch ich
brauch blau - mit etwas grün
und gelborange und rosarot
brauch flieder
rost und pink
strahlendes weiß
und grau

doch selten nur
ganz selten
reichen

gelb
und rot
und blau

nicht von dieser welt

vielleicht
zu einer anderen zeit
an einem anderen ort
in einer anderen welt

hätte sein können
was hier nicht sein kann
und darf
aber ist

ver-rückte welt

bedingungslos

dein
ich liebe dich
ist deshalb
so unglaublich wertvoll
weil es
allein für sich
für mich
im raume
schwebt

so sehr
ich auch
lausche
vernehme ich
doch
keinen nachhall
kein
ich will dich
kein
du musst jetzt
kein
was wäre wenn

bedingungslos
geliebt

nicht mehr

nicht mehr
nicht mehr können
nicht mehr
als das
was schon
gekonnt ist

nicht mehr
ich
kann nicht
mehr

die dunkle seite

ich hab sie gesehen
die dunkle seite
deines ichs

tief
sehr tief
hast du mich
blicken lassen
in den abgrund
deiner seele

hast mich hinabgestoßen
in den fang
des dämons
der sich den weg
nach außen bahnt

doch
meine angst
die trauer
und den schmerz
will ich
als harnisch tragen
zu trotzen
jener dunklen macht
die in dir tobt
und
in den händen
halt ich fest

mein schwert
aus freundschaft
trost
und zuversicht

wir

und wieder
deine hand
im nebel
die mich
nach hause
führt

und wieder
meine hand
im dunkeln
die dich
ermutigend
berührt

und wieder
wir

höhenflug

heut
ist ein guter tag
sich tief
ganz tief
in dein gefieder
einzukuscheln
deinen schwingen
zu vertrauen
und fortzufliegen
ganz weit
ganz
weg
mit
dir

geborgen

im gehen
der türe
bereits
zugewandt
legst du mir
meine jacke
um die schultern

dein abschiedsgruß
ins ohr gehaucht
wirkt wie
magie
und trägt
und hüllt mich
ein

so ist's ein harnisch
den ich trag
ein zaubermantel
unsichtbarer art
ein fein gesponnenes tuch
das sanft
mich wärmt
und mich umfängt
auf meinem weg
geborgen

für meinen freund

mein hilferuf –
von dir
gehört

mein sturz
ins leere –
von dir
gehalten

meine angst
vorm leben –
von dir
gewusst

umfangen
behütet
eingehüllt
in deinen
zaubermantel
werd ich
unsichtbar
und sicher
vor mir selbst
und der welt
um
auszuruh'n

unverhüllt schön

nun
hab ich
auch noch
die letzten hüllen
fallen lassen

nackt
verletzlich
un-verschämt
stehe ich
vor dir
so
wie ich bin
so
unperfekt
ungeschönt
mit narben
und falten
und spuren
die mir
das leben
schrieb

und während sich
mein blick
schon wie von selbst
zu boden
senkt
hör ich dich

leise
sagen:
wie schön
du bist!

wieder bei sinnen

nur kurz
dein kopf
auf meinem
schoß
so schön
vertraut

höre
dein herz
rieche
deine haut
fühle
dein lachen
tief in mir

einen moment
nur kurz
ganz bei uns
angekommen
wieder ganz
bei sinnen
sein

ohne kompass

wir sind
so weit gegangen
bergauf
 und ab
und querfeldein

sind
durch sümpfe gewatet
und durchs dickicht gekrochen

am rande
der klippen
haben wir gesessen
und den mond angeheult

sag mir wo
wo
haben wir
uns
verloren?

entrüstung

gut gerüstet
bist du!
stolz
und stark
und unverwundbar
stehst du
da
bereit
die eigene haut
zu schützen

doch
gut gerüstet
spürst du nicht
die feder
auf der schulter
den wind
auf dem gesicht
die hand
auf deinem herz

erst
wenn die rüstung
fällt
erst
wenn auch du
verletzungen
riskierst

erst dann
wird
berührung
möglich

unter volldampf

wieder
mit volldampf
durch die straßen

wieder
mit anlauf
den hang hinunter

wieder
am limit
nochmal gas gegeben

alle zeichen
auf rot
doch wieder
nicht gesehen
auch dich
nicht gehört

der motor jault
mit festgekeiltem gas
zu laut

aus voller fahrt
mit volldampf
ungebremst

nur diesmal
vor die wand

diesmal

totalschaden

haltlos

wenn
dich
nichts mehr
bei mir
hält

wie
sollte ich
dich
dann
noch
halten

getragen

die angst
zu fallen
so groß

das ringen
um halt
so schwer

und dann
der fall

warten
auf den aufprall

und schließlich
die erkenntnis

das netz
trägt

depressiv

hocke wieder
in meinem loch
wieder umgeben
von mauern
und wänden
wieder gefangen
und wieder
geschützt

vertrautheit

über mir
der himmel
ich sehe
die sonne
doch fühle ich
sie nicht
alles taub
alles tod

die zarten strahlen
die gerade noch
bis auf den boden
vor mir fallen
lassen mich
nur ahnen
versuchen mich
zu erinnern
erreichen mich

doch kaum

vielleicht
schaff ich's
auch diesmal
wer weiß
vielleicht
wenn ich
im dunkeln
auch diesmal
etwas halt finde
wenn meine hände
auch diesmal
griffstellen
und meine Füße
tritt finden

vielleicht …

wer weiß…

verlust

irgendwo
im alltäglichen chaos
habe ich sie
verloren
sie ist quasi
unbemerkt
heruntergefallen
und niemand
hat sich die mühe gemacht
sie aufzuheben
geschwiege denn
danach
zu suchen

irgendwo
im alltäglichen chaos
liegt sie jetzt
unbemerkt herum –
meine selbstachtung

sommerregen

dein flirt
ist wie
ein warmer
sommerregen –
ein sanfter schauer
auf meiner haut

danach jedoch
heißt's
schnell nach hause
und abtrocknen

sonst werde ich
noch
liebes-krank

verlockung

manchmal im leben
gibt es
attraktive angebote
einen besseren job
einen interessanten mann
eine neue pulsierende stadt

dann halte ich kurz inne
schließe die augen
und fühle
in mich hineinein
was mich dies angebot
tatsächlich kostet

manchmal im leben
gibt es attraktive angebote
die ich
als kompliment verstehe
dankend ablehne
und dann
lächelnd
nach hause gehe

herzrhythmusstörung

ohne
zu fragen
bist du eingetreten
in mein herz
bist durchmarschiert
bis in die mitte
und hast platzgenommen

da sitzt du nun
und treibst
dein unwesen
ungefragt
und hartnäckig
bringst du alles
aus dem takt

und ich

ich finde
meinen rhythmus
nicht zurück

nach dem sturm

es hat sich
abgekühlt

ein leichter wind
ist noch geblieben
und spielt
und wirbelt
durch die trümmer
letzter nacht

es gab sie ja
die vorboten
die zeichen
die schwere
und graue wand
die grollend
und erdrückend
sich
in unsere richtung
schob
und
deren wucht
wir doch
nur ahnen konnten

so hat
der sturm
sich das
genommen

was nicht gesichert
nicht gebunden
nicht befestigt
was längst schon brüchig
untergraben
morsch
und
überfällig
war

es hat sich
abgekühlt
in dieser nacht
der frische wind
macht
meinen atem
weit
und
mit dem blick
zum horizont
genieße ich
die ruhe
nach dem sturm

blitzeinschlag

dein blick
ist in mein herz gefahren
wie ein blitz
in den sand

kleine glasperlen
kleine kostbarkeiten
relikte
eines winzigen momentes

ich werde
sie als kette tragen

und lächeln

erstarkung

manchmal
fühle ich
das elend der welt
so schwer
auf meinen schultern
dass ich in die knie gehe
und bete
du mögest
sie mir abnehmen

und du?

du stärkst mir
arme, beine
und
rückgrat

dich zu lieben

dich zu lieben
ist nicht schwer
doch
mich zu lieben
neben dir
nahezu
unmöglich

silber und gold

ich rede
und lache
mich
um kopf
und kragen

du schaust
und schweigst
und hast mich
längst
erkannt

geteiltes leid

sind uns
begegnet
haben uns
angesehen
und dabei
erkannt

der schmerz
die angst
das leid
finden
ein gegenüber
schwingen
in uns
und
mit uns
und finden
endlich
resonanz

es sind
die kinder
in uns
die sich umarmen
lächelnd
einander
an die hand
nehmen

endlich
nicht mehr
allein

jenseits der norm

mein gefühl
für dich
passt in keine
der gängigen
schubladen

so sehr
ich mich mühe
immer
hängt ein stück
heraus

doch will ich
weder stopfen
noch schneiden
damit es passt –
zu kostbar das
was es
zu bergen
gilt

ich muss wohl
holz besorgen
für einen
neuen schrank
und fächer
bauen
die raum und luft
lassen

für das
was ist
und
bleiben soll

umsorgt

deine fürsorge
ist wie
ein warmer umhang
über meinen schultern
im herbst

er wärmt mich
wohl
bis der nächste sommer
kommt

volles risiko

es ist
ein tanz
auf dünnem eis
den wir
riskieren
nicht wissend
drohen uns
nur nasse füße
oder aber
der sichere untergang

fernweh

manchmal
breite ich
die flügel aus
und schlage heftig
mit ihnen
dann
drehe ich
ein, zwei runden
um zu schauen
wie weit
der aufwind
mich noch trägt
und ob
die welt
von oben
noch die gleiche
ist

manchmal
fällt die rückkehr
mir dann schwer
erst
wenn die flügel
müde werden
kehre ich
heim

die sanfte landung
übe ich

bereits
ein leben
lang

vom *go* und *ju*

immer wieder
versuche ich
so stark zu sein
dass mich
die brandung
des lebens
nicht umwirft

trotzig
stelle ich mich
jeder neuen welle
entgegen
mit dem willen
sie zu brechen
erfolglos

dabei
liegt die kunst darin
zu spüren
wann der feste stand
zu lösen ist
wann es gilt
weich zu werden
eins zu werden
mit der welle
und ihrer wucht

um dann
danach

im seichteren wasser
fest und stark
zu stehen

(in memoriam Chojun Myagi –
„Alles im Universum atmet hart und weich" - hō gōjū donto)

ohne antwort

was
bin ich denn
für dich?

fast
vorwurfsvoll
dein blick
und deine frage

was
 willst du denn
wer
willst du denn
wie
willst du denn
sein
für mich –
und dich?

verlorener traum

ein traum

schon lang geträumt
war es doch
stets

unser traum

war es nie
an der zeit
ihn zu leben
war es doch nur

mein traum?

irgendwann
vergessen
ihn zu leben
ist es doch noch immer

mein traum!

was träumst du?
träumst du
noch?

diebstahl

dein kopf
auf meiner schulter
nur kurz
doch lang genug
verlegen
verstohlen
ge-stohlener
augenblick
der innigkeit –
du dieb!

ungesagt

und wenn ich sage
bleib
würdest du bleiben
ohne
zu fragen?

und wenn ich bitte
halt mich
fest
würdest du
mich halten
ohne zu fragen?

keine angst
ich frag dich nicht...

drachentöterin

habe
den schlafenden drachen
geweckt
jetzt
ist er wach
und brüllt vor hunger
giert
nach neuen opfern

doch die zeiten
sind schlecht
und die jungfrauen
rar geworden

so werd ich wohl
die rüstung
selbst anlegen müssen
und darauf hoffen
dass heut
ein guter tag
zum drachentöten
ist

getrübte sicht

mag nicht immer
schwarz sehen

doch
den leichten
grauschleier
auf unserem
rosarot
kann ich nicht
leugnen

letzte chance

um mich
nicht selbst
zu verlieren
verliere ich
dich

sprachlos

du
hast mich
niedergeschrien
mit all
deiner kraft
um mich
nicht
hören
zu müssen

meine worte
auch
die ungesagten
machen
dir
angst

fragil

einen moment
das glück
in beiden händen
halten
und mit
dem schwur
besiegeln

es zu halten
braucht es mehr
als einen ring
und rote rosen

ich liebe dich -
wir werden sehen

dunkle erinnerungen

manchmal
wenn es
dunkel wird
sind die
schatten
wieder da
klopfen
an das fenster
und wollen rein

manchmal
öffne ich ihnen
dann
sitzen wir
gemeinsam
auf dem bett
und weinen etwas

das macht es
nicht ungeschehen
aber
erträglich

burn out

ausgebrannt
hat es sich
erloschen
all das feuer
all der wille
all die leidenschaft
ausgebrannt
der letzte
funke hoffnung
das letzte
bisschen kraft
der letzte
rest an liebe
tief in mir

eingebranntes
scheitern
an mir
selbst

spinner

lass uns
ein bisschen
spinnen
gemeinsam
den gedankenfaden
aufnehmen
von zwei seiten
ihn verzwirnen
ihn drehen und wenden
ihn ver- und entknoten
ihn weiterspinnen
ihn festziehen
und wieder lösen

lass uns
gedankennetze
spinnen
fein und stark

lass uns
spinner
sein

wehrhaft

übel mitgespielt
hat es dir
so manches mal
das leben
doch
statt die schmerzen
zu betrauern
und endlich
gehen zu lassen
hast du
dir eine festung
d'raus gebaut
mit steinen
deiner angst

da sitzt du nun
in deiner burg
und schießt
mit pfeilen
der verbitterung
und einsamkeit
auf jeden
der da kommt
das bollwerk
deines herzens
zu erstürmen

doch
welcher ritter

soll da siegen
wenn du
bis auf die zähne
waffen trägst

hero's journey

ich höre ihn doch
den ruf
den inneren
seit jahren schon
weiß ich darum
dass es
die falschen dinge
sind
die mich
durchs leben
treiben

doch statt
zu lauschen
und
dem leisen ton
nun endlich
raum zu geben
für resonanz
und vollen klang
und vibration
nehm ich (mir)
all meine kraft -
und stopfe mir
die ohren
zu

(in memoriam Joseph Campbell)

auf der suche

bin dann
mal weg
aus diesem haus
dieser straße
meinem leben

hab alles
liegen lassen
all das
angefangene
und nicht vollendete
das immer wiederkehrende
in frage stellende
das
ziehende
und zerrende
zermürbende

bin dann
mal weg
um nachzusehen
ob's mich
da draußen
irgendwo
noch gibt

gesichter der liebe

wenn
wir uns trauten
herauszutreten
aus norm und konvention

wenn
wir uns trauten
begegneten wir
einander
im weiten feld
der möglichkeiten

begegneten wir
uns dort
wo liebe
nicht nur
rot und wild
und leib-haftig
daher kommt

begegneten wir uns
wahrhaft
in all den farbfacetten
und zwischentönen

wenn
wir uns trauten
zeigt' liebe uns
ihre gesichter

wenn
wir uns doch nur trauten
einander anzusehen

vorm kentern?

spröde und splissig
ist sie geworden
unsere liebe
und so manchen
splitter
habe ich mir
eingezogen
in letzter zeit

damals
war sie
wie eine stolze bark
aufgetakelt
glanzvoll
und hochseetauglich

nun sind risse
im segel
das holz ist rauh
und an vielen
kleinen stellen
tritt wasser ein

ich weiß nicht
ob sie uns
durch weitere stürme
trägt
ohne zu sinken
ich weiß es nicht

doch will ich
bootslack kaufen
und segelgarn
und zuversicht
und mich
ans werk begeben
zu retten
was zu retten ist

dann fahren wir
wieder raus
wir beiden

vielleicht
in etwas ruhigeres
gewässer
mit weniger riff
und sanftem wind

und schauen mal
was noch
so geht

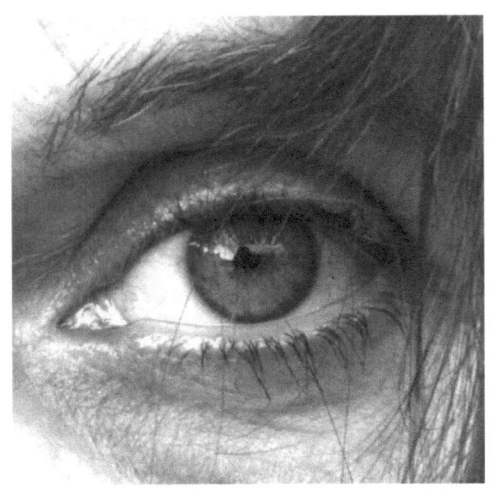